¿DÓNDE ESTÁ...? MAPAS DEL MUNDO

EL ECUADOR

Por Todd Bluthenthal /
Traducido por Esther Sarfatti

Gareth Stevens
PUBLISHING

Please visit our website, www.garethstevens.com. For a free color catalog of all our high-quality books, call toll free 1-800-542-2595 or fax 1-877-542-2596.

Cataloging-in-Publication Data
Names: Bluthenthal, Todd.
Title: El ecuador / Todd Bluthenthal.
Description: New York : Gareth Stevens Publishing, 2018. | Series: ¿Dónde está...? Mapas del mundo | Includes index.
Identifiers: ISBN 9781538205174 (pbk.) | ISBN 9781538205129 (library bound) | ISBN 9781538204993 (6 pack)
Subjects: LCSH: Latitude–Juvenile literature. | Geographical positions–Juvenile literature.
Classification: LCC QB224.5 B58 2017 | DDC 526′.6–dc23

Published in 2018 by
Gareth Stevens Publishing
111 East 14th Street, Suite 349
New York, NY 10003

Translator: Esther Sarfatti
Editor, Spanish: Nathalie Beullens-Maoui
Designer: Samantha DeMartin
Editor: Joan Stoltman

Photo credits: series art CHAPLIA YAROSLAV/Shutterstock.com; cover, pp. 1 (map), 9 Intrepix/Shutterstock.com; cover, p. 1 (inset) Fotos593/Shutterstock.com; p. 5 Ibrahim Burganov/Shutterstock.com; p. 7 Istimages/Shutterstock.com; p. 11 Bardocz Peter/Shutterstock.com; p. 13 Vitoriano Junior/Shutterstock.com; p. 15 Aphelleon/Shutterstock.com; p. 17 sebikus/Shutterstock.com; p. 19 edeantoine/Shutterstock.com; p. 21 (inset) Cristina Simon/Shutterstock.com; p. 21 (main) frees/Shutterstock.com.

Printed in the United States of America

CPSIA compliance information: Batch #CS17GS: For further information contact Gareth Stevens, New York, New York at 1-800-542-2595.

CONTENIDO

Las palabras en **negrita** aparecen en el glosario.

¿Qué es el ecuador?

El ecuador es una línea imaginaria que aparece en los mapas. Rodea la Tierra como un cinturón, dividiéndola en dos mitades. Estas mitades se conocen como los **hemisferios** norte y sur. El ecuador es una de las líneas **paralelas** de **latitud** que rodean la Tierra.

ecuador

La latitud se mide en **grados**, que se representan con el símbolo °. El ecuador tiene una latitud de 0°. Todas las demás líneas de latitud miden la distancia desde el ecuador. Los puntos más alejados del ecuador son el Polo Norte y el Polo Sur. Se encuentran a 90° de latitud.

90° de latitud sur

Agua y tierra

El ecuador es la línea de latitud más larga: ¡mide casi 25,000 millas (40,200 km) de largo! La mayor parte del ecuador pasa por las aguas de varios océanos, como el Pacífico, el Atlántico y el Índico. También pasa por tierra firme, incluyendo partes de África y América del Sur.

AMÉRICA DEL NORTE
EUROPA
ASIA
OCÉANO ATLÁNTICO
ÁFRICA
ECUADOR
OCÉANO PACÍFICO
AMÉRICA DEL SUR
AUSTRALIA
OCÉANO ÍNDICO
OCÉANO ANTÁRTICO
ANTÁRTIDA

Clima

El **clima** cerca del ecuador es tropical. Eso significa que siempre hace calor. Solo tiene dos estaciones: la lluviosa y la seca. Cuanto más cerca está un lugar del ecuador, más caluroso es su clima. Florida está más cerca del ecuador que Minesota, ¡así que hace más calor en Florida!

Minesota
Florida
UNITED STATES
OF AMERICA
Mountain
ECUADOR
MEXICO
CUBA
HAVANA
BAHAMAS
JAMAICA
HAITI
DOMINICAN REP.
BELIZE
GUATEMALA
HONDURAS
EL SALVADOR
NICARAGUA
COSTA RICA
PANAMA
VENEZUELA
COLOMBIA
GUYANA
SURINAME
FRENCH GUIANA
PERU
BOLIVIA
PARAGUAY
BRAZIL
Andes
Amazon
OTTAWA
WASHINGTON
Québec
Vancouver
Seattle
Edmonton
Calgary
Regina
Winnipeg
Minneapolis
Denver
Kansas City
Dallas
Houston
New Orleans
Chicago
Detroit
Toronto
New York
Philadelphia
Boston
Atlanta
Miami
Los Angeles
San Francisco
Las Vegas
San Diego
Memphis
Pittsburgh
Cleveland
Montréal
Cancún
Acapulco
QUITO
BOGOTA
LIMA
LA PAZ
ASUNCION
BRASILIA

¿Por qué hace tanto calor?

El **eje** de la Tierra está **inclinado**. Mientras la Tierra da la vuelta al Sol a lo largo del año, algunas partes se acercan más al Sol o se alejan más de él debido a esta inclinación. Cuando un lugar está inclinado de forma que se aleja del Sol, hace más frío en ese lugar.

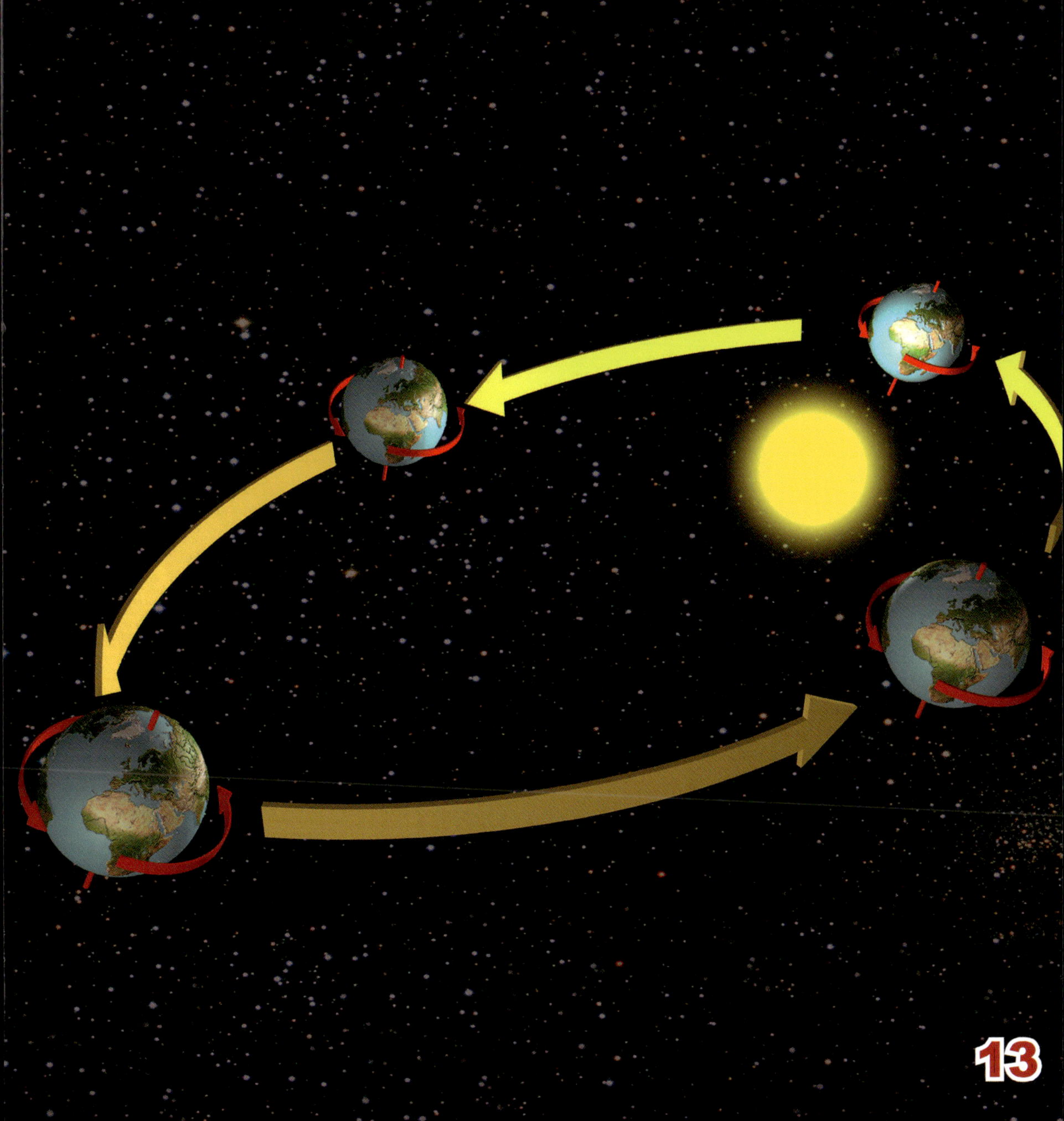

Cuando un lugar está inclinado hacia el Sol, hace más calor en ese lugar. Puesto que el ecuador rodea el centro de la Tierra, siempre está inclinado hacia el Sol. ¡Eso significa que siempre hace calor allí!

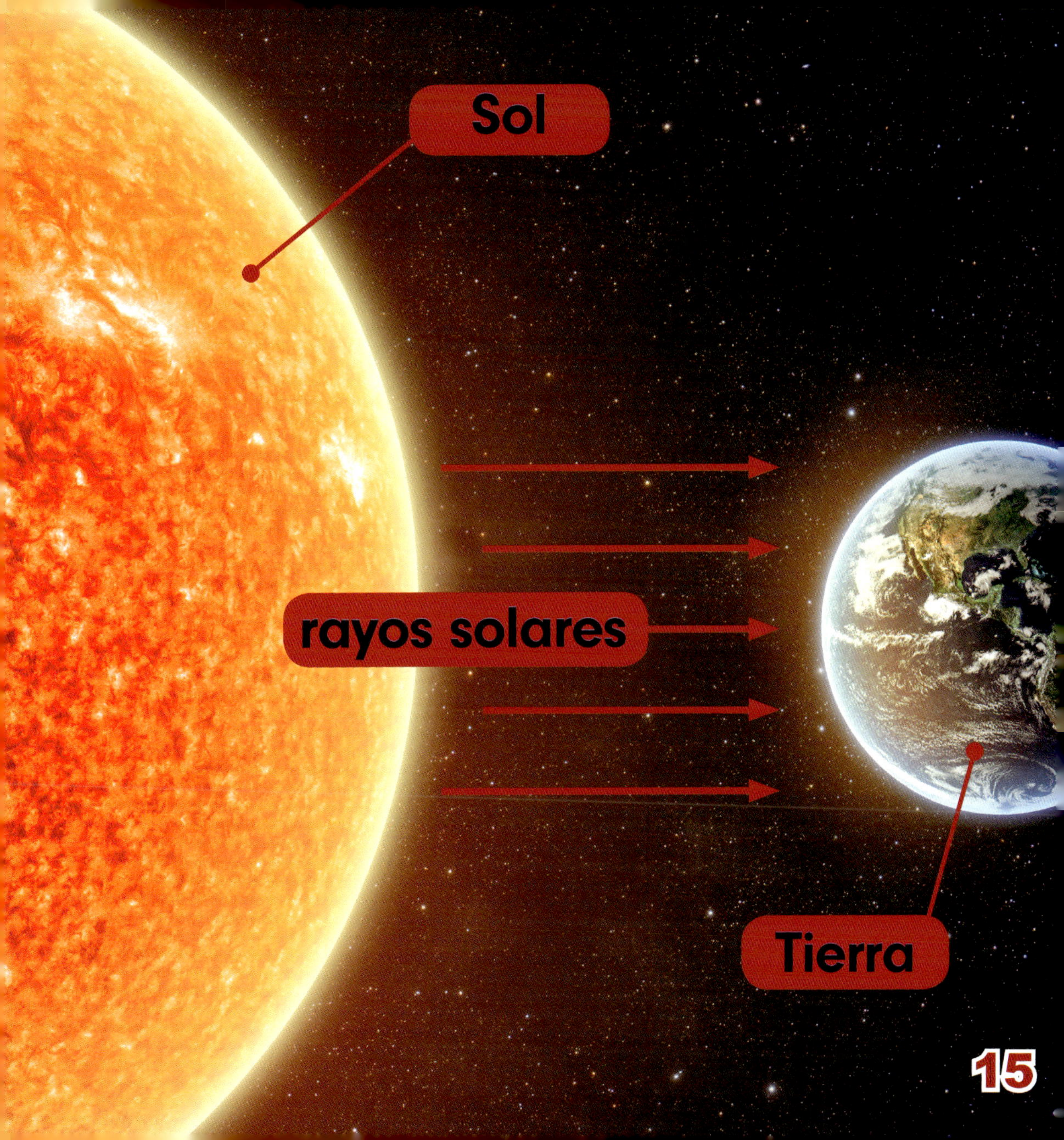
Sol
rayos solares
Tierra

Día y noche

La Tierra está girando, o rotando, constantemente. Cada giro toma 24 horas, o un día, en completarse. Cuando un lugar de la Tierra está mirando al Sol, es de día en ese lugar. Cuando se aparta del Sol, es de noche en ese lugar.

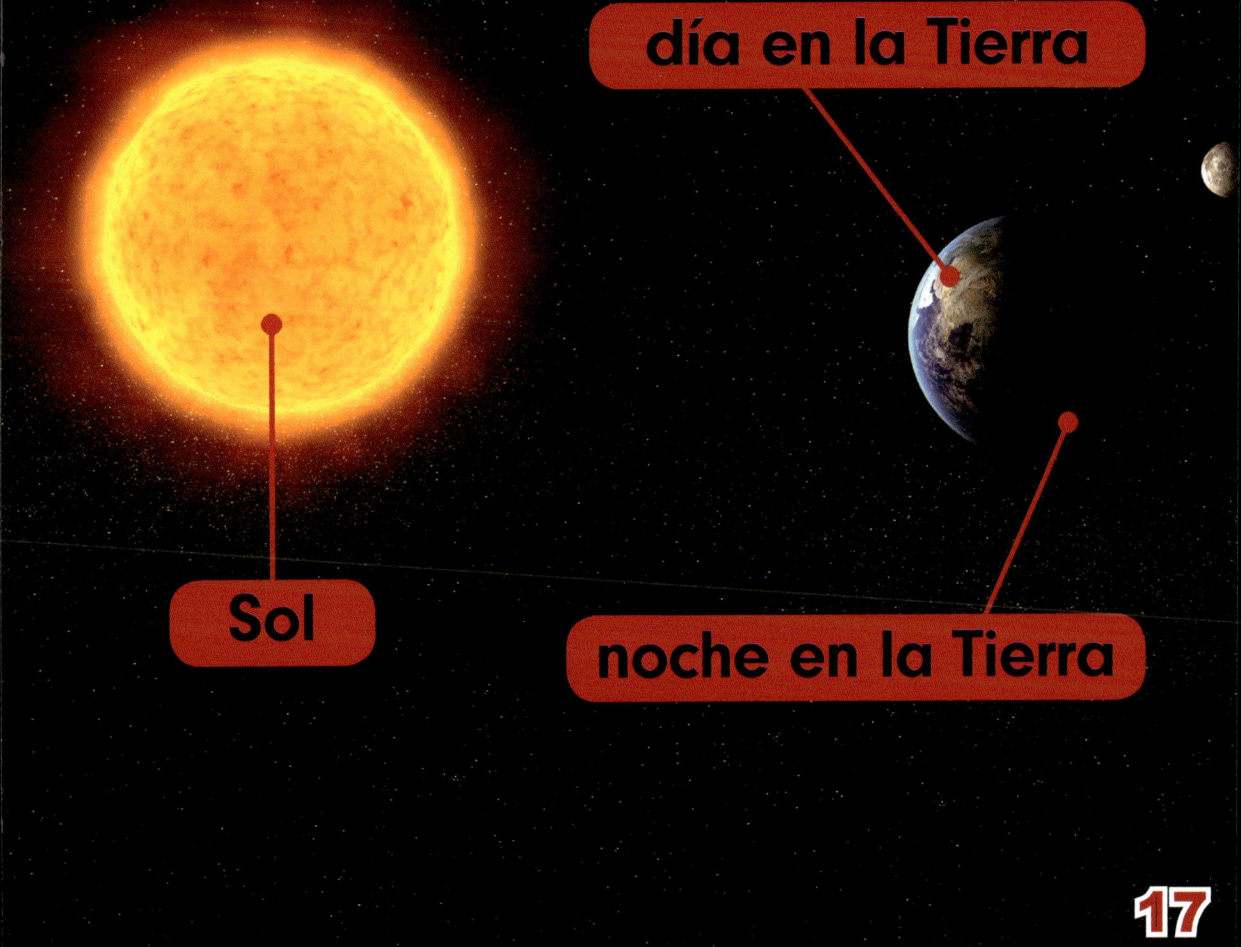
día en la Tierra
Sol
noche en la Tierra

En la mayor parte de los lugares de la Tierra, la duración del día y de la noche cambia a lo largo del año. Pero esto no ocurre en los lugares que están cerca del ecuador. En esos lugares, ¡el día y la noche siempre duran unas 12 horas cada uno!

selva tropical cerca del ecuador

¿Nieve en el ecuador?

Sin embargo, ¡algunos lugares que están cerca del ecuador no son tropicales! En lo alto de las montañas de América del Sur y de África hace más frío. Cayambe, un **volcán** que se encuentra en América del Sur, es el punto más alto del ecuador. ¡Allí hay nieve!

Cayambe nevado

GLOSARIO

clima: el tiempo habitual que hace en un lugar durante un periodo de tiempo.

eje: una línea recta imaginaria alrededor de la cual gira un planeta.

grados: la unidad de medida para la latitud.

hemisferio: la mitad de la Tierra.

inclinado: que no está exactamente recto, sino que se encuentra en ángulo.

latitud: las líneas imaginarias que aparecen en los mapas que van hacia el este y el oeste por encima y por debajo del ecuador.

paralelo: dicho de dos o más líneas que se encuentran a igual distancia entre sí en todos sus puntos.

volcán: una apertura en la superficie de un planeta, a través de la cual a veces sale roca líquida caliente.

PARA MÁS INFORMACIÓN

LIBROS

Olien, Rebecca. *Longitude and Latitude.* Nueva York, NY: Children's Press, 2013.

Parker, Victoria. *How Far Is Far? Comparing Geographical Distances.* Chicago, IL: Heinemann Library, 2011.

Waldron, Melanie. *Mapping the World.* Chicago, IL: Capstone Raintree, 2012.

SITIOS DE INTERNET

Alrededor del mundo

timeforkids.com/around-the-world

¡Viaja alrededor del mundo a través de tu computadora!

Día y noche

theschoolrun.com/homework-help/day-and-night

¡Descubre cómo funcionan el día, la noche y las estaciones!

Nota del editor a los educadores y padres: nuestro personal especializado ha revisado cuidadosamente estos sitios web para asegurarse de que son apropiados para los estudiantes. Sin embargo, muchos de ellos cambian con frecuencia, por lo que no podemos garantizar que contenidos que se suban a esas páginas posteriormente cumplan con nuestros estándares de calidad y valor educativo. Les recomendamos que hagan un seguimiento a los estudiantes cuando accedan a Internet.

ÍNDICE